LOCUS

LOCUS

LOCUS

在時間裡，散步

walk

walk 20
透明社會
作者：韓炳哲（Byung-Chul Han）
譯者：管中琪
責任編輯：潘乃慧
封面設計：廖韡
校對：呂佳真
出版者：大塊文化出版股份有限公司
台北市105022南京東路四段25號11樓
www.locuspublishing.com
讀者服務專線：0800-006689
TEL：(02)87123898 FAX：(02)87123897
郵撥帳號：18955675 戶名：大塊文化出版股份有限公司
法律顧問：董安丹律師、顧慕堯律師

總經銷：大和書報圖書股份有限公司
地址：新北市新莊區五工五路2號
TEL：(02) 89902588 FAX：(02) 22901658
初版一刷：2019年12月
初版三刷：2024年7月

定價：新台幣250元
Printed in Taiwan

透明社會

管中琪——譯

Byung-chul Han
韓炳哲——著

Transparenz
gesellschaft

目錄

導讀

只有死亡才是全然透明，那麼我們都已經是死人了嗎？

林宏濤

「透明社會」是個相當聳人聽聞的術語。當人們像草履蟲一樣在顯微鏡底下被觀察而無所遁形，那應該會是個恐怖電影的經典場景。更恐怖的是，哲學家韓炳哲主張說，透明性是個系統性的衝動，它會把整個社會歷程捲進去，進而顛覆整個歷程。透明性的要求更使我們變成了可見性的奴隸，透明社會也就成了色情的、展示的社會。它同時也表現為一個集體監控的社會。如果它是個結構性的動力，是個必然的歷程，那麼真的會令人不寒而慄。

透明是沒有遮蔽的。一切都攤在陽光下，似乎是再陽光不過的事。但是遮蔽不就是人的衣物嗎？當人寸絲不掛，就是赤裸裸的展示物。「在展示社會中，每一個主體也是他自己的廣告客體，衡量一切的標準是根據展示價值而定。展示社會是一個色情的社會。一切都向外翻轉，揭穿、暴露、裸露、曝光。過度的展示，將一切都變成了『毫無祕密、赤裸裸被直接消耗』的商品。」（頁三三）展示既是一種剝削，在展示中，也就不會有任何內在價值。透明進而使得意義消失了，思考變成了計算，人也不再有故事，明證性（Evidenz）成了唯一的判準，世界不再有奧祕可言。如果說，不透明性意味著他者性，那麼透明就是放逐了他者，人在任何地方都只是看到他自己，而不再和任何他人相遇。在政治上，那就是極權主義。「在盧梭身上可以觀察到，全然透明的道德觀必然翻轉成獨裁。透明性的英勇計畫變成暴力，意圖扯掉所有面紗，將一切攤在陽光下，驅逐一絲一毫的黑暗，最後導致暴力。光是禁止戲劇與模仿（這是柏拉圖早已為他的理想國立下的規定），便賦予盧梭的透明社會極權的特質。」（頁八八）而集體的監控也演化到了每個人監控每個人的駭人畫面。「全球正發展成一座環形監獄，沒有監獄之外的東西，它就是全部，沒有牆壁分隔外部與內部。」（頁九八）

在韓炳哲筆下的這整個反烏托邦的小說場景裡，透明性不再僅止於公共領域的可見性，包括資訊、政治、行政等等，而是指人的整個存在境遇。他所理解的透明性，是全面性的同化（Angleichung），「來自他性與陌生性的否定，或者說來自他者的抗拒，會干擾且延緩相同者之間順暢的溝通。透明排除了他者或陌生者，就能穩定與加速系統。」（頁一六－一七）一個完全排除他者的世界！那是什麼東西？韓炳哲不僅主張說它是在概念上成立的，更有如末日審判似的宣稱這樣的社會已經到來，「否定性的社會如今已經退下，取而代之的是一個為了促進肯定性，而持續削弱否定性的社會。因此，透明社會首先是一種『肯定社會』。」（頁一五）看起來，肯定性和否定性是透明和不透明的概念基礎。「當事情去除掉任一種否定性，被整平、撫平，或者毫不受阻就被嵌入資本、溝通與資訊的順暢流動中，就會變得透明。當行動變得可運作，受制於可計算、可引導、可監控的過程，就會變得透明。當時間被整平，滑入可支配的現在時刻中，就會變得透明。未來，因此也被肯定化成最理想的當下。」（頁一五－一六）

但是一個排除了否定的肯定，在概念上是成立的嗎？韓炳哲雖然在書裡多處引述黑格爾的說法，卻在這個關鍵的前提上迴避了他。黑格爾說：「肯定物並不是直接的同一物，而一方面是與否定物對立的一個對立物，它只是在這種關係中才有意義，所以在它的概念中就包含了否定物本身；但另一方面，它在自身中又是單純建立起來之有或否定物的自身相關的否定，所以它本身是絕對的自身否定。」（《大邏輯》下卷，頁六二）全然的肯定在概念上是空洞無物的，在存有上是死寂的。所以韓炳哲也不得不說：「透明的關係是種死掉的關係，沒有任何吸引力，也沒有生命力。只有死亡才是全然透明。」（頁二〇）基本上，他其實是在宣告歷史的返祖而不是演進。

正如《倦怠社會》的書寫，韓炳哲在《透明社會》裡的論述充其量只是一種鋪陳，而不是哲學論證，更談不上是經驗性的社會觀察。當他宣稱透明社會已經到來時，那並非像是科學家們在論述北極冰層的融化，而比較像是對於理想狀態裡的透明社會的概念批判，在書中完全看不到對於透明社會的技術性現實問題的觀察，也找不到關於它的演進軌跡的歷史陳述。就像讀者必須相信現代世界就是個功績社會，《倦怠社會》的論述才有辦法成立；如果我們沒辦法想像一個沒有他者的社會是什麼東西，《透明社會》或許也只是關於一個反烏托邦的「虛構物」的想像堆疊而已。

（本文作者現任商周出版編輯顧問）

Transparenzgesellschaft

透明社會

我是仰賴別人不知道的我而活著的。(1)

——彼得・漢德克

POSITIVGESELLSCHAFT

肯定社會

現今沒有哪個流行語像「透明」這個詞一樣，對公共論述的影響如此巨大。在與資訊自由相關的脈絡中，尤其廣受援用。對於透明度的要求無所不在，已激化到盲目崇拜與整體化的地步，而這樣的要求，可回溯至一種不侷限於政治與經濟領域的典範轉移。否定性（Negativität）的社會如今已經退下，取而代之的是一個為了促進肯定性，而持續削弱否定性的社會。因此，透明社會首先是一種**肯定社會**（Positivgesellschaft）。

當事情去除掉任一種否定性，被**整平**、**撫平**，或者毫不受阻就被嵌入資本、溝通與資訊的順暢流動中，就會變得透明。當行動變得**可運作**，受制於可計算、可引導、可監控的過程，就會變得透明。當時

1 彼得・漢德克（Peter Handke），《清晨石窗邊》（Am Felsfenster morgens），薩爾斯堡，一九九八，頁三三六。

間被整平，滑入一連串可支配的現在時刻中，就會變得透明。未來，因此也被肯定化成最理想的當下。透明的時間是沒有命運也沒有事件的時間。當影像擺脫各種編劇法、編舞與舞台美學，擺脫任何的詮釋深度，甚至擺脫了意義，變得色情淫穢時，就會變得透明。色情作品是影像與眼睛之間的直接**接觸**。當事物拋棄其獨特性，只靠價格呈現，就會變得透明。金錢，讓萬物可相互**比較**，消滅了事物的不可共量性（Inkommensurabilität）與獨特性。因此透明社會是**相同者的地獄**。

若以為透明只涉及營私舞弊與資訊自由，就錯判了它的影響效果。透明是一種**有系統**的強制力（Zwang），攫住一切社會過程，使其產生深刻的變化。現今的社會系統，強制系統內的過程全部透明，便於操作、加速。加速壓力伴隨著否定性的削弱而生。當相同者回覆相同者，產生**相同者連鎖反應**時，溝通速度最快。來自**他性**（Andersheit）與**陌生性**（Fremdheit）的否定，或者說來自**他者**的抗拒，會干擾且延緩相同者之間順暢的溝通。透明排除了他者或陌生者，就能穩定與加速系統。這種有系統的強制性，將透明社會變成**一體化**[2]的社會。它的極權特質就存在於其中：「一體化的新詞是**透明**。」[3]

透明的語言是一種形式上，甚至是純粹機械式的可操作語言，完全不矛盾含糊。洪堡早已指出人類語言中存在著基本的不透明性：「沒有人對於一個字的思索與其他人一模一樣，不論是多細微的差異，就像漣漪擴延整個語言。因此，理解始終就是不理解，思想與感受一致同時也是分歧。」[4]只靠資訊構成、並將資訊未受干擾的流通叫作溝通，這樣的世界就如同機器。肯定社會「在不再發生事

2 譯註：一體化（Gleichschaltung）是納粹用語，指將公眾與私人的社會生活與政治生活一體化，並施以絕對控制的過程。

3 原文出自巫里希・沙賀特（Ulrich Schacht）二〇一一年六月二十三日的日記。請參考巫里希・沙賀特所著《論雪與歷史》（Über Schnee und Geschichte），柏林，二〇一二。

4 威廉・馮・洪堡（Wilhelm von Humboldt），《論人類語言結構的差異與其對人類精神發展的影響》（Über die Verschiedenheit des menschlichen Sprachbaues und ihren Einfluß auf die geistige Entwicklung des Menschengeschlechts），柏林，一八三六，頁六四。

件（Ereignis）的結構中」，受到「資訊透明與資訊猥褻」[5]控制。強制透明（Transparenzzwang）把人本身同等化為系統中的實用要素。這就是透明的暴力。

人類的心靈顯然需要**與自己獨處**、不必遭遇他者目光的領域。不透性（Impermeabilität）是心靈的要求之一。若是完全通透明亮，心靈會**燃燒殆盡**，引發一種特殊的「心靈過勞」。只有機器才是透明的。形塑生命的自發行動、重要事件與自由，絕對不允許透明可視。關於語言，威廉．馮．洪堡也寫道：「人內在升起某些東西，沒有哪個頭腦有能力從先前的狀況理解其緣由。若想〔……〕從語言排除這類無可解釋的可能現象，就可能傷害其起源與轉變的歷史真相。」[6]

「後隱私」的意識形態也是天真幼稚。這種意識形態以透明之名，要求徹底放棄理當取得透明溝通的私人領域。這種意識形態有數個謬誤。其一是，人類本身**對自己從來就不是透明的**。根據佛洛依德的觀點，自我（Ich）否定的，正是無意識（Unbewusste）毫無節制肯定與渴望的一切。在很大程度上，「本我」（Es）在自我面前是隱藏起來的。也就是說，人類的精神有道**裂隙**，使得自我無法與自己一致相符。有這種基本的裂隙，自我就不可能透明。人與人之間同樣也存有裂隙，因此人際交往一樣不可能透明，而這種透明也不值得追求。正由於缺乏他者的透明，關係才得以活絡。格奧爾格·齊美爾寫道：「即使沒有之前的心醉神迷，但徹底認識、精神耗弱等赤裸裸的事實，也會令我們冷靜清醒，癱瘓親密關係的活力〔……〕。在最後的坦誠相對之後，預期並尊重仍有個最終的最終，這種豐富深刻的親密關係，〔……〕只不過是對善解人意與自我克制的獎賞，而善解人意與自我克制，即使在最親密、全心全意的關係中，仍舊尊敬內在的私有財產，

5 尚·布希亞（Jean Baudrillard），《致命策略》（Die fatalen Strategien. Die Strategie der Täuschung），慕尼黑，一九九二，頁二九。

6 洪堡，《論人類語言結構的差異與其對人類精神發展的影響》，頁六五。

透過保有祕密的權利來限制提問的權利。」[7]強制透明，缺乏的正是這種「善解人意」，亦即尊重無法完全消除的**他性**。面對這種席捲今日社會、追求透明的激情，應有必要實踐**保持距離的激情**。距離與羞恥無法融入資本、資訊與溝通的快速循環當中。因此一切私密的庇護所，全都以透明之名遭到排除。它們被照亮得無所遁形，受到剝削。世界也因此變得更赤裸、更無恥。

即使是個人的自主權，也是以不理解他者的自由為前提。桑內特評論道：「自主權不是理解相同性，也不是理解透明的相同性，而是接受人對他者的不理解，也就是接受不透明的相同性。」[8]此外，透明的關係是種**死掉的關係**，沒有任何**吸引力**，也沒有**生命力**。只有死亡才是全然透明。在人類的存在（Dasein）與共存（Mitsein）中，具有肯定與高效的領域，承認這些領域正受到強制透明的摧殘，或許是一種**新啟蒙**。尼采也寫道：「**新啟蒙**（……）。光是看出人類和動物生活在何種無知當中是不夠的，你還必須學會擁有那無知的意志。你有必要去理解，若沒有那種無知，生命本身不可能存在，而無知是活著的東西得以維持與繁盛的條件。」[9]

經過證實，資訊更多，不盡然能做出更好的決定。[10]例如**本能**就超越了可用的資訊，遵循著自己的邏輯。今日不斷大量增加、甚至氾濫的資訊，削弱了更高的判斷力。擁有的知識與資訊**較少**，產生的影響往往**更多**。忽略與遺忘所具有的**否定性**，成效不見得比較低。透明社會不能忍受資訊空缺和**視覺空缺**。但不論是

7 格奧爾格．齊美爾（Georg Simmel），《社會學：關於社會化形式的研究》（Soziologie. Untersuchungen über die Formen der Vergesellschaftung），作品集第十一冊，法蘭克福，一九九二年，頁四〇五。

8 理查．桑內特（Richard Sennett），《不平等世界中的尊敬》（Respekt im Zeitalter der Ungleichheit），柏林，二〇〇四，頁一五一。

9 尼采（Friedrich Nietzsche），「遺稿，一八八四年春–秋」（Nachgelassene Fragmente Frühjahr-Herbst 1884），尼采全集VII.2，柏林，一九七三，頁二二六。

10 參閱傑爾德．蓋格瑞澤（Gerd Gigerenzer），《半秒直覺》（Bauchentscheidungen. Die Intelligenz des Unbewussten und die Macht der Intuition），慕尼黑，二〇〇七。

思維或者靈感，都需要**空白**。順便一提，德文的幸福（Glück）一詞就源自於空缺（Lücke）；中古德語的幸福仍叫作「gelücke」。因此，一個社會若不允許空缺的否定性存在，那是個**沒有幸福的社會**。愛沒有視覺空缺，叫作色情；知識沒有空缺，思考就墮落成計算。

肯定社會不僅告別辯證法，也告別了詮釋學。辯證法是奠基於否定性的。所以黑格爾的「精神」（Geist）並未迴避否定（Negative），而是忍受它，並將之保持在其中。否定性滋養「精神的生命」。**同之一中的他者**製造出否定的張力，可保持精神活力不墜。根據黑格爾的觀點，精神唯有「直視否定，逗留在否定上」，才是種「權力」[11]。這種**逗留**是「使其回返存在（Sein）的神奇魔力」。只藉由肯定來快速轉換的人，反而是沒有精神的。精神是**緩慢的**，因為它要在否定上逗留，並為自己處理否定。透明系統會去除掉每一種否定性，以便加快速度。在否定上逗留，正讓路給**急速呼嘯的肯定**。

肯定社會也不容許否定感存在。因此，我們忘記處理苦難和痛苦的能力，荒廢賦予它們形式（Form）的能力。對尼采而言，人類靈魂之所以深刻、偉大與堅強，正是要歸功於在否定上逗留。而人類精神也是**痛苦的產物**：「受苦靈魂所擁有的那些張力，會培養靈魂的力量〔……〕，培養靈魂在承擔、忍耐、詮釋與利用不幸上的創造力與勇氣；而不管靈魂從深度、祕密、面具、精神、詭計與偉大方面獲得什麼贈予——難道不是因為苦痛，不是因為培養偉大的苦痛而獲贈的嗎？」[12]而肯定社會正準備重新組織人類的靈魂。在社會肯定化的過程中，愛也扁平成愉快的感受，以及毫不複雜且沒有結果的亢奮刺激。法國哲學家巴迪歐在《愛的頌讚》中引用交友網站米堤閣（Meetic）的廣告口號：「男人不用墜入愛

11 黑格爾（Georg Wilhelm Friedrich Hegel），《精神現象學》（Phänomenologie des Geistes），漢堡，一九五二，頁三〇。

12 尼采（Friedrich Nietzsche），《善與惡的彼岸》（Jenseits von Gut und Böse），作品集 VI.2，柏林，一九六八，頁一六七。

河也能戀愛！」（sans tomber amoureux）或者「要戀愛不要痛苦，很簡單！」(13)愛被馴化，被積極肯定成消費模式與舒適模式；任何形式的傷害都應避免。痛苦與激情都是否定性的棋子，但現正讓位給不具有否定性的享樂。而取代它們位置的，則是精力衰竭、疲勞與憂鬱等肇因於過度肯定性的精神干擾。

若要特別強調，理論也可視為一種**否定性現象**，是判定屬於自己與否的決策。理論作為一種選擇性高的**敘事**（Narration），開闢出了**劃分**的路徑。有了這種否定性，所以理論是**暴力的**，是「被選中來阻止事物相互碰觸」，並將「被混雜在一起的東西區分開來」。(14)若是沒有了劃分的否定性，事物必然普遍雜交蔓生。從這方面來看，理論可說是區分新手與老手的儀式。若認為有了當今爆發性成長的大量**肯定的**數據與資訊，理論就顯得多餘累贅，以為比對數據就可以取代模式，那就陷入了謬誤。否定性作為一種理論，是**先於**肯定的數據與資訊，也先於模式。真正來說，以數據為基礎的肯定社會，不是造成**理論即將終結**的因，而是果。理論無法簡單被肯定科學所取代。肯定科學缺乏決策的否定性，而那才是決定**是**什麼或**必須**是什麼的關鍵。理論作為一種否定性，會劇烈改變現實，使其呈現另一種面貌。

政治是一種**策略**行動。光是這個理由，政治就適合私密領域，否則完全透明會導致其窒礙難行。卡爾·施密特認為：「要求坦誠開放，會在任何政治都有祕密的觀念中發現它的特殊對手；事實上，對於專制主義，政治–技術的祕密是不可或缺的，就像商業機密與營業祕密對奠基於私人財產與競爭的經濟生活一樣。」[15]只有**劇場政體**（Theatrokratie）的政治沒有祕密也行得通。在劇場政體中，

13 阿蘭·巴迪歐（Alain Badiou），《愛的頌讚》（Lob der Liebe），維也納，二〇一一，頁一五。
14 尚·布希亞，《致命策略》，頁二一九。
15 卡爾·施密特（Carl Schmitt），《羅馬天主教教義與政治形式》（Römischer Katholizismus und politische Form），斯圖加特，二〇〇八，頁四八。

政治行動被單純的舞台表演所取代。施密特說「帕帕基諾的觀眾」（Parkett von Papagenos）造成祕密消失：「十八世紀仍敢擁有許多自信與貴族的保密觀念。在一個已失去這類勇氣的社會，**祕密**（Arcana）不再存在，沒有階級，沒有祕密外交，甚至也沒有了政治，因為任何一個偉大的政治都有『祕密』。所有一切都發生在舞台上（也就是帕帕基諾的觀眾面前）。」(16)因此，祕密的終結或可說是政治的終結。故而施密特要求政治要有更多「保有祕密的勇氣」。(17)

身為透明政黨的海盜黨，不斷發展等同於去政治化的**後政治**（Post-Politik）。它是個反政黨（Anti-Partei），也就是**第一個沒有色彩的政黨**。透明就是沒有顏色。顏色不是作為意識形態才得以進入，而是作為沒有意識形態的**觀點**（Meinungen）。觀點是沒有結果的，不像意識形態那麼明確、深刻，也缺乏令人信服的否定性。因此，今日的**觀點社會**能讓既存之物不受碰觸。海盜黨「流動式民主」（Liquid Democracy）的彈性在於隨著情境變換顏色，所以它是**沒有色彩的觀點政黨**。政治退下，改成管理社會需求，同時不更動既存的社會經濟情勢的框架，並緊緊依附其中。海盜黨作為反政黨，沒有能力明確表達**政治意志**，確立**新的社會座標**。

強制透明的壓力，在穩定現存系統時效果卓著。透明本身是正面肯定的，不具備那種可能徹底質疑現存政治—經濟體系的否定性，而且對體系外部**視而不見**。透明只會認可、優化已經存在之物。因此，透明社會是與後政治相生相隨的。唯有去政治化的空間，才真正透明。沒有**參照指涉**（Referenz）的政治，會墮落成**全民公決**（Referendum）。

肯定社會普遍的判定方式叫作「按讚」。臉書始終拒絕導入「按爛」（dislike）的選項，就是最好的說明。肯定社會避免任何一種否定性的遊戲形式，因為會導

16 同上，頁四七。
17 同上，頁五八。

致溝通停滯。溝通的價值只以資訊交換的數量及速度決定。大量溝通還能提高經濟價值。否定的判決則會削弱溝通。在後續溝通上，按「讚」比按「爛」會快上許多。拒絕的否定性尤其不能使用在經濟活動上。

透明不等同於真理。當真理宣布所有的**他者**都是錯的，而展現**自己**、貫徹**自己**時，就是一種否定力量。更多的資訊，或者說光是累積資訊，仍舊無法確立真理，因為那樣欠缺方向，也就是**意義**。正由於缺乏真相的否定性，才會導致積極肯定蔓生且庸俗。而資訊過度與溝通過度，見證了**真理的缺乏**，也就是**意義的缺乏**。更多的資訊、更多的溝通，基本上無法除去**整體的模糊曖昧**，反而加劇其嚴重程度。

AUSSTELLUNGSGESELLSCHAFT
展示社會

華特・班雅明認為，「受膜拜」物品的「存在比被觀看更重要」。[18]他們的「膜拜價值」（Kultwert）取決於其存在，而非曝光展示。將物品鎖放在一般人無法進入的空間，隔離掉所有觀看機會，能夠提高其膜拜價值。因此，某些聖母像幾乎一年到頭都被遮住；古神廟中的一些神祇雕像，也只有僧侶能夠接近。分開（secret, secretus）、隔開與隔離等否定性，是膜拜價值的本質。在肯定社會中，物品都成了產品，必須**展示**出來才**存在**；為了提升展示價值，而犧牲膜拜價值。考量到展示價值，光只有存在，是全然毫無意義的。只存在於己、逗留於己的物品，不再具有價值。物品唯有**被觀看**，才會產生價值。強制展示將一切曝光，導致作為「遠方現象」（Erscheinung einer Ferne）的**靈光**（Aura）完全消逝。展示價值標示了完美的資本

18 華特・班雅明（Walter Benjamin），《機械複製時代的藝術作品》（Das Kunstwerk im Zeitalter seiner technischen Reproduzierbarkeit），法蘭克福，一九六三，頁二一。

主義，無法回溯至馬克思在使用價值與交換價值之間的對立。因為遠離了使用範疇，所以不是使用價值；由於沒有辦法反映勞動力，因此也不是交換價值。可歸功於展示價值自身的，只有引起的關注。

班雅明指出，在攝影中，展示價值徹底擊退膜拜價值；另一方面，他也提到膜拜價值並非不戰而退，反而取得最後的防禦工事，那就是「人類臉龐」（Menschenantlitz）。因此早期攝影中，肖像並非偶然位於重要地位。「回憶逝者或遠去戀人的膜拜中」，照片的膜拜價值有了「最後的庇護所」。[19]在「人類臉龐一閃而過的表情」上，靈光在早期照片中最後一次閃耀；那因此構成了「鬱鬱寡歡、無可比擬的美感」。不過，當人類從攝影圖像中撤退之後，展示價值首次壓倒性超越膜拜價值。

「人類臉龐」與其膜拜價值，如今早已從攝影中消失。**臉書**與 photoshop 時代從「人類臉龐」製造出一張完全呈現展示價值的**臉**（face），一張缺少「目光靈光」（Aura des Blicks）[20]、被展示的臉。那是「人類臉龐」的**商品形式**。作為**外表**（surface）的**臉**，比伊曼紐爾・列維納斯[21]認為能出色呈現**他者超越性**的臉龐或面容還要透明。透明站在超越（Transzendenz）的對立面。而**臉**具有相同者的**內在性**（Immanenz）。

數位攝影去除了任何一種否定性，既不需要暗房，也不需要沖洗照片。事先不需要**負片**，純粹是**正片**。成長、老化與死亡也全被抹掉：「它（照片）非但分享（短暫的）紙張的命運，就算定著在更堅硬的物質上，一樣也難逃消亡的結果：就像有生命的生物，照片顯現自萌發中的銀粒，綻放一陣後，不久便老去。受到

19 同上，頁二三。
20 尚・布希亞，《致命策略》，頁七一。
21 譯註：伊曼紐爾・列維納斯（Emmanuel Lévinas, 1906-1995），猶太裔法國哲學家。

光與濕氣的侵襲，逐漸蒼白、衰萎，然後消失〔……〕。」[22]羅蘭·巴特將一種生活形態與攝影結合在一起，在這種生活形態中，時間所具有的否定性是基本關鍵。不過，這種生活形態是與其技術條件相連結的，就這個案例來說，就是與其類比性（Analogizität）相連結。數位攝影伴隨另一種截然不同的生活形態出現，更加擺脫了否定性，是沒有誕生與死亡、沒有命運與事件的透明攝影。但命運不是透明的。透明的攝影缺乏詮釋上與時間上的密度。因此，它什麼也沒**說**。

「曾經如此」的時間內容，對巴特來說是攝影的本質。照片見證了**曾經**，所以它的基調是**悲傷**。巴特認為日期是照片的一部分，「因為它引人注意，讓人再三思索生命、死亡、世代不可避免的消逝。」[23]日期對巴特來說，是死亡，是消逝。巴特評論攝影師安德烈·柯特茲（André Kertész）的一張照片說：「柯特茲一九三一年拍的小學生恩斯特，現在**很有可能**還活著（住在哪裡？生活如何？真像部小說呀！）」[24]今日這種充斥著展示價值的攝影，揭示的是另一種時間性。

這種時間性由**不具否定性**、也不具有命運的**現代**所決定。現代，無法容忍敘述張力與「小說」的戲劇性；其表達風格沒有小說般的浪漫。

在展示社會中，每一個主體也是他自己的廣告客體，衡量一切的標準是根據展示價值而定。展示社會是一個色情的社會。一切都向外翻轉，揭穿、暴露、裸露、曝光。過度的展示，將一切都變成了「毫無祕密、赤裸裸被直接消耗」[25]的商品。資本主義經濟，強制展示一切。光是策畫展示，價值就會油然而生，**萬物自身的成長性**（Eigenwüchsigkeit der Dinge）則遭拋棄。萬物並非消失在黑暗中，而是消匿於過度曝光裡：「普遍來看，可見的事物並非終結於黑暗或者沉默之中，

22 羅蘭．巴特（Roland Barthes），《明室，攝影札記》（Die helle Kammer. Bemerkung zur Photographie），法蘭克福，一九八九，頁一〇四。
23 同上，頁九三。
24 同上，頁九三－九四。
25 尚．布希亞，《致命策略》，頁七一。

而是揮發於比可見還更看得見的事物中，也就是揮發於猥褻粗俗裡。」[26]

色情（Porno）不僅破壞了愛欲（Eros），也摧毀了性（Sex）。色情展示會使人與性欲產生隔閡，無法**享受欲望**。性成為女性的歡娛表演與男性的雄風展現。展示的、被觀看的歡娛一點也不歡娛。強制展示會導致身體的疏離。身體被物化成必須盡善盡美的展示對象。因此要**安住**（wohnen）在身體中是不可能的，身體是**被展示**，進而**被剝削**的。展示就是一種剝削。展示的命令毀了**安住**本身。如果世界成為展示空間，安住就不可能實現。安住會被提高關注資本的廣告宣傳給取代。安住原來的意思是「得到滿足，和諧平靜，留於其中」。[27]持續不斷的強制展示與成就壓力，會威脅這種和諧平靜。海德格所謂的**物**（Ding）也會徹底消失。物是不可展示的，因為它單純只有**膜拜價值**。

能見度過高是猥褻的，因為欠缺了隱蔽、難以接近與祕密所具有的否定性；

過度溝通擺脫他性的否定性，若是暢行無阻，也是一種猥褻；強制一切要溝通交流、曝光可見，是猥褻的；身體與心靈的色情展示，同樣也是猥褻。

展示價值主要取決於美麗的外表，於是，強制展示便製造出強制美麗與強制健身。醫美的目標就是將展示價值極大化。今日，我們效法的楷模不再傳遞內在價值，而是不惜暴力手段也要符合的外在標準。展示命令會導致可見之物與外表絕對化。不可見的，並不存在，因為沒有展示價值，所以引不起關注。

強制展示會剝削可見之物。光亮明淨的表面就其而言是透明的，不會有人繼續打探。這種表面不具有詮釋學上的深層結構。連「face」也是一張變得透明的臉，追求展示價值的最大化。強制展示最終會奪走我們的面目，臉不可能還是自己的

26 同上，頁一二一。

27 海德格（Heidegger），《演講與論文集》（Vorträge und Aufsätze），普富林根，一九五四，頁一四九。

臉。展示價值絕對化，就是能見度的專橫獨裁。圖像的增加並不棘手麻煩，要成為**圖像**（Bild）的偶像壓力才是問題。一切都必須看得見。強制透明的命令，懷疑不可見的一切，這就是其暴力所在。

在今日，視覺溝通是一種傳染、發洩或反射，缺乏美學**反省**（Reflexion）。它的美學化到頭來只是變得麻木無美。**按讚**這類的品味判斷，並不需要持續的觀看。充斥展示價值的照片明確清楚，毫不複雜，換句話說也就是色情的。它們缺乏能觸發反省、審視與思考的**斷裂**（Gebrochenheit）。複雜會拖緩溝通。麻痺無感的過度溝通則會削弱複雜性，以加快溝通速度。過度溝通基本上比意義溝通還要快速。意義是**緩慢**的，會妨礙資訊與溝通的加速循環。因此，透明伴隨的是**意義匱乏**。會有大量資訊與溝通，是因為**恐懼留白**（Horror vacui）所致。

對透明社會而言，任何的距離都是需要被消滅的否定性，是加速溝通與資本流通的絆腳石。依據透明社會的內在邏輯，它會排除任何形式的距離。透明，最終是「目光與其所見之物全面的雜交」，也就是「賣淫」。[28]目光不斷受到事物與照片的照射。欠缺的距離使得覺察（Wahrnehmung）可被觸知，可被碰觸。這種觸覺指的是沒有實際碰觸的接觸，是一種「眼睛與照片的」直接「碰撞」。[29]由於缺乏距離，所以不可能有美學上的**觀看**與**逗留**。觸覺終結目光的美學距離，甚至也**終結目光**。沒有距離，不表示**切近**（Nähe），倒不如說，反而妨礙了切近。切近，其實保有**充裕的空間**；失去距離則會破壞空間。在切近中，鐫刻著遠方（Ferne），因為切近是**遙遠的**（weit）。海德格稱之為「維持著遠方的純粹切近」。[30]不過，「遠方切近的痛苦」[31]卻是一種需要消滅的否定性。透明性讓一切

28 尚・布希亞，《致命策略》，頁七一。
29 尚・布希亞，《邪惡的透明》（Transparenz des Bösen），柏林，一九九二，頁六四。
30 海德格，《賀德林詩作評釋》（Erläuterungen zu Hölderlins Dichtung），海德格全集第三卷，法蘭克福，一九八一，頁一四六。
31 海德格，《演講與論文集》，頁一〇八。

疏－遠（ent-fernt），使其處於單調、同一的無距離，既不近也不遠。

EVIDENZGESELLSCHAFT

明證社會

透明社會是個仇視歡娛的社會。在人類欲望的經濟中，歡娛與透明互不相屬。透明對力比多經濟（libidinöse Ökonomie）而言是陌生的。激起渴望、強化歡娛的，正是祕密、曖昧與遮掩所具備的否定性。因此，誘惑者善用幻覺、表象[32]與面具進行**遊戲**。強制透明，會破壞歡娛和欲望的**遊戲**空間。明證性（Evidenz）不容許誘惑，只容許處理。誘惑者走的是迂迴繞行、多方分岔與蜿蜒纏繞的路，使用模稜兩可的符碼：「誘惑經常仰賴模稜兩可的代碼，使得西方文化中典型的誘惑者變成一種擺脫道德的典範。誘惑者使用曖昧歧義的語言，因為他們不希望感覺受制於認真與對稱等規範。反觀『政治正確』的實踐，要求的是事事透明，放棄歧義曖昧，以確保契約式自由與平等的最大化，進而淡化誘惑的傳統華麗修辭與情感活動的靈光。」[33]玩弄曖昧

32 譯註：Schein 一字在本書中多次出現，根據行文脈絡分別翻譯成表象、假象、外觀等。

33 伊娃・易洛斯（Eva Illouz），《為什麼愛讓人受傷？》（Warum Liebe weh tut. Eine soziologische Erklärung），柏林，二〇一一，頁三四五—三四六。

矛盾、詭祕莫測，能夠提高情色張力。一旦凡事透明、精確，愛欲這生之本能終將完蛋，換句話說，只剩下色情。今日的透明社會同時是個色情社會，也就不令人意外。「後隱私時代」以透明之名，要求毫無節制地彼此暴露，會徹底損害歡娛和欲望。

齊美爾認為，我們「被設計成不僅〔……〕需要一定的真理與錯誤作為生命根基，生命要素的構成中，也要有一定的明確與模糊。」[34]因此，透明會奪走事物的「魅力」（Reiz），且「禁止想像力編織機會。失去這些機會，沒有任何現實能補償我們的損失，因為想像是**自主活動**，無法長期被享受和接收所取代」。齊美爾進一步推論：「即使是身邊最親近的人，有部分也必須保持隱匿、模糊不透，我們才會覺得對方始終魅力無窮。」[35]想像力於性經濟是不可或缺的。赤裸裸地呈現物體，會抹殺想像力。唯有收回和撤掉物體，才可點燃想像力。致使歡娛與欲望高漲的，並非實時的享受，而是前戲與尾聲的想像，以及暫時的推遲。

直截了當享受是色情，因為不容許繞路去想像和敘述。媒體照片超真實的過度清晰、過分明確，也會癱瘓且窒息想像力。根據康德的看法，想像力立基於遊戲之上，需要無須事事定義清楚、輪廓鮮明的遊戲空間，也需要曖昧模糊與模稜兩可。想像對自身是不透明的，知性（Verstand）標榜的卻是自我透明。所以知性並不**遊戲**，而是**運用**明確的概念。

喬吉奧．阿岡本在《即將來臨的共同體》中，提到班雅明對哲學家恩斯特．布洛赫（Ernst Bloch）解釋彌賽亞王國的譬喻：「有位正宗猶太神祕哲學拉比曾說過：『要建立和平王國，不需要破壞一切事物，才能開始新的世界；只要稍微移動一下杯子，或者那些灌木或石頭等一切事物即可。不過，由於這小小的移動是如此困難，也不容易找出規模，人類無法處理世界上的所有事，於是彌賽亞現

34 格奧爾格．齊美爾，《社會學：關於社會化形式的研究》，頁四〇四。
35 同上，頁四〇五。

身了。』」[36]只要稍微移動事物，就可以建立和平王國。阿岡本評論道，這種極微小的改變不是發生在事物之中，而是發生在「邊緣」（Ränder）。改變，可賦予事物神祕莫測的「光輝」（clarior）。這種「光環」（Aureole）來自於「震動」，來自於邊緣的「閃爍」。[37]我們延續阿岡本的想法，那就是：輕微的震動導致模糊產生，從邊緣開始、將事物籠罩在神祕莫測的光輝裡。神聖之物不是透明的，而是籠罩在一種神祕的模糊中。**即將來臨的和平王國**並不叫作透明社會。透明並非**和平的狀態**。

除了神聖空間之外，渴望空間也不是透明的，而是「彎曲的」；「要擄獲對象／**貴族婦女**（frouwe），只能採用迂迴曲折的方式間接追求。」[38]**貴族婦女**是宮廷愛情裡被渴望的對象，是個「黑洞」，會凝聚圍繞其周圍的渴望。雅克．拉岡認為，渴望「是經過一道退縮、無法企及的怪異之門被引進的」。[39]他將渴望與變形影像中「不可辨識的圖像」做一比較，在變形影像中，圖像內容都是扭曲不成形的；[40]也就是說，圖像內容不**明確**（evident，拉丁語 videre 意為「看見」）。所以，拉岡認為宮廷愛情是「變形的」。[41]就時間來看，其對象也是一種變形圖像，因為「唯有永無止境的推遲」，才能擄獲對象。[42]拉岡也使用德文的「物」（Ding）一詞稱呼這個對象，「物」因為捉摸不透、隱匿不見，不成**圖像**（Bild）而無從理解。它拒絕再現（Repräsentation）：「存在於**物**中的東西，才是真正的祕密。」[43]

36 喬吉奧．阿岡本（Giorgio Agamben），《即將來臨的共同體》（Die kommende Gemeinschaft），柏林，二〇〇三，頁五一。
37 同上，頁五四。
38 齊澤克（Slavoj Žižek），《渴望的轉移。六場情色–政治實驗》（Metastasen des Begehrens. Sechs erotisch-politische Versuche），維也納，一九九六，頁五〇。
39 雅克．拉岡（Jacques Lacan），《第七講，精神分析的倫理》（Seminar 7. Die Ethik der Psychoanalyse），韋因海姆／柏林，一九九六，頁一八三。
40 同上，頁一六六。
41 同上，頁一七一。
42 齊澤克，《渴望的轉移。六場情色–政治實驗》，頁五一。
43 雅克．拉岡，《第七講，精神分析的倫理》，頁五九。

透明是一種對稱的狀態，因此透明社會力圖排除一切不對稱的關係，權力也屬於其中之一。權力本身並非洪水猛獸，在許多方面反而生產力高，成效卓越，並且為社會的**政治**形塑創造出的自由空間與遊戲空間。權力也深入參與歡娛與欲望的製造。力比多經濟遵循的是權力經濟的邏輯。傅柯針對人為什麼容易施用權力，提出性經濟觀點來指點迷津。他認為人在關係中愈自由，支配他者行為的欲望就愈強烈。而遊戲愈開放，控制他者行為的遊戲方式愈多樣，欲望也就更強烈。不透明和不可捉摸，在相當程度上是屬於戰略遊戲的。權力也是一種戰略遊戲，在**開放**空間中展演：「權力叫作戰略遊戲。我們很清楚權力不是邪惡的。若以性關係或戀愛關係為例：在一個事物可以逆轉的開放戰略遊戲中，對他人施加權力，並沒有什麼不好，那是愛、熱情與性歡娛的一部分。」[44]

那個想要擁有「永恆」（Ewigkeit）的尼采式「渴望」，迸發於**午夜時分**。尼采會說，只要我們仍舊信仰透明，就沒有除掉上帝。尼采反對糾纏不休的目光、無所不在的曝光，而維護表象、面具、祕密、謎團、詭計與遊戲：「舉凡深刻之物，皆愛面具；而最深刻的事物甚至憎恨圖像和譬喻。〔……〕有些行為是愛，是慷慨過度，末了最明智的作法就是拿根棍子痛揍目擊者〔……〕，面具底下不僅只有惡意——在狡詐中其實存在著許多善意。〔……〕每個深刻的精神都需要面具；更甚者，在每個深刻的精神周圍，面具皆持續成長著〔……〕。」[45]深刻的精神在面具的保護下形成。精神像護膚層一樣，在精神四周成長。**完全的他者，全新之物**，只會在面具下茁壯，面具會保護它遠離**相同者**。狡詐不等同於惡意。比起由無上命令引導的行為，狡詐更有效率，也比較不暴力。所以尼采寫道：「狡詐好過於暴力。」[46]狡詐**環顧四周**，懂得充分利用當下各種**潛在狀況**，所以更靈活、

44 米歇爾．傅柯（Michel Foucault），《自由與自我關照》（Freiheit und Selbstsorge, Interview 1984 und Vorlesung 1982），海爾姆．貝克（H. Becker）等編著，法蘭克福，一九八五，頁二五－二六。

45 尼采，《善與惡的彼岸》，頁五四。

46 尼采，「遺稿，一八八二年七月至一八八三－一八八四年冬」（Nachgelassene Fragmente, Juli 1882 bis Winter 1883-1884），尼采全集 VII.1，柏林，一九七七，頁五一三。

更有彈性。因此，比起拜其僵化所賜而透明的無上命令，狡詐所見更多。暴力比狡詐更接近真理，「明證性」更高。尼采呼籲要有**更自由**的生活形式，而一個通透、監控的社會，不可能有這樣的生活形式。這種生活形式不受以對稱與平等為基礎的契約思想左右，且不受交換經濟的影響，因此也是自由的。

祕密與黑暗散發吸引力，並非罕見。奧古斯丁認為，上帝放置隱喻，故意使聖典隱晦不顯，是為了激起更多欲望：「這些事物有如披上比喻的外袍，以鍛鍊虔誠探詢之人的心智；且當事物被赤裸（nuda）呈現、袒露（prompta）以對時，不會顯得毫無價值。在其他地方就算講得坦率公開、清楚明顯，以便讓人容易吸收的事情，一旦被拉出幽微隱蔽，我們仍能更新其相關知識；因為更新，所以散發出甜美的（dulcescunt）氣味。用這種方式隱藏起來（obscurantur），並非惡意阻擋有意學習者，反而是藉此特意凸顯，讓人在所謂的隱藏之下產生更多渴望，並在發現渴望之物的過程中擁有更多樂趣。」[47]比喻的外袍會將文字變得情色，將文字升格為渴望的對象。文字變裝成為比喻，顯得更加誘人。隱蔽的否定性將詮釋學轉變成情欲（Erotik）。發現與解碼的過程變成了充滿歡娛的揭露。然而，資訊卻是**赤裸的**。文字的袒露赤裸，剝奪了所有的吸引力，使其變得膚淺。祕密的密釋學（Hermetik），並非為了促進透明而必須消滅的**魔鬼**（Diabolik），而是**象徵**（Symbolik），甚至是一種特殊的文化技術，能夠產生**深度**，即使是**假象**也一樣。

47 奧古斯丁（Augustinus），《謊言與反謊言》（Die Lüge und Gegen die Lüge），烏茲堡，一九八六。摘錄自馬丁・安德烈（Martin Andree），《媒體效應考古學》（Archäologie der Medienwirkung），慕尼黑，二〇〇五，頁一八九。

PORNOGESELLSCHAFT
色情社會

透明不是美麗所使用的媒介。根據班雅明的觀點，遮蔽與被遮蔽物緊密結合，才是美麗絕不可或缺的：「因為美的不是遮蔽物，也不是被遮蔽物，而是物體被遮蓋住。但是被遮蔽物應始終在不引人注目的情況下，表明自己被揭露。〔……〕亦即在描述那個物體時，遮蔽物對它是不可或缺的。因為無論遮蔽物或被遮蔽物都不行，唯有美，才能夠成為重要本質，所以美的神聖存有根據（Seinsgrund）就在祕密中。」(48)因此，當美必須與遮蔽物和遮蔽連結時，便無法揭露。只有受到遮蔽時，被遮蔽物才能維持不變。一旦揭露，被遮蔽物就會消失。因此，沒有赤裸的美這種東西：「在沒有遮掩的裸露中，基本的美已然消退。在人類的赤身裸體中，有個存在超越了一切的美，亦即崇高莊嚴（Erhabene）；有個作品超越了一切造物，亦即造物主的作

48 華特．班雅明（Walter Benjamin），《論歌德的親和力》（Goethes Wahlverwandtschaften），合集，第一冊，頁一九五。

品。」[49]只有形式或物體是**美的**；相比之下，只要祕密作為美的本質不再緊附著裸露，那麼非形式、非物體的裸露是**崇高莊嚴的**。崇高莊嚴超越了美。但是，**生物**的赤裸絕非色情，而是崇高莊嚴，是造物主的作品。對康德而言，當物體超越任一表現、任一觀點，便也是崇高莊嚴。崇高莊嚴是超越想像力的。

基督教傳統中，赤裸具有「不可磨滅的神學符碼」。[50]亞當、夏娃在犯下原罪之前，並非赤身裸體，因為他們身上覆蓋著「恩典之衣」、「光之衣」。[51]罪奪走了他們神聖的衣服，讓他們感覺一絲不掛，拘束扭捏，不得不遮住身體。因此，赤裸代表失去恩典的衣服。阿岡本試圖思考出一個沒有神學部署（Dispositiv）的裸露，於是將班雅明赤身裸體的崇高莊嚴延伸至色情。他提到半裸的色情模特兒時，評論道：「一張以微笑展示赤裸裸美麗的臉龐，只說明了一件事：『你想要刺探我的祕密嗎？你想要揭開我的面紗嗎？儘管看吧！仔細瞧瞧這個十足不可原諒的祕密的缺席！』（……）正是裸露使得美失去魅力，正是對於表象崇高莊嚴卻又可憐悲慘的展示，既無祕密也無意義，所以能夠去除神學部署的影響〔……〕。」[52]成為色情展示的赤裸身體無疑「可憐又悲慘」，卻非「崇高莊嚴」。班雅明拿來對抗美麗外觀的崇高莊嚴，欠缺任何的展示價值。正是展示，摧毀了生物的崇高莊嚴。崇高莊嚴會產生膜拜價值。與消費者「調情」[53]的色情臉龐絕非崇高莊嚴。

阿岡本的部署與自由裸體之間的對立，是無法辯證的。不只將某種角色，如面具、措詞，強加於一張臉上的部署是暴力的，還包括部署不具形式、色情的裸

---

49 同上，頁一九六。

50 喬吉奧・阿岡本（Giorgio Agamben），《裸體》（Nacktheiten），法蘭克福，二〇一〇，頁九七。

51 同上，頁九八。

52 同上，頁一四八—一四九。

53 同上，參閱一四七頁：「那張成為裸露幫凶的臉龐，直視著鏡頭或者與觀看者調情，完全暴露出他根本沒有祕密，只表達出展現自己的意思，純粹是種展示罷了。」

露。變成了**肉體**的身體，毫不崇高莊嚴，反而顯得猥褻淫穢。色情裸露幾乎等於暴力導致的肉體猥褻，正如阿岡本所說：「所以虐待狂不擇手段要露出肉體，並強迫他者的身體呈現某些姿態和姿勢，好暴露出猥褻，也就是無可挽回地喪失優雅（Anmut）。」(54)

優雅尤其成為阿岡本的色情裸露的犧牲者。對他而言，優雅（法文 grâce）由於本身的神學根源，所以並不可靠，因為等於**恩賜**、**赦免**（Gnade）。阿岡本援引沙特（Jean-Paul Sartre）的論點，認為身體應將其優雅歸功於目標明確的活動，那樣的活動使得身體成為工具。但是，正由於固著於目標上，所以沒有工具是優雅的。工具**直截了當**尋找目標，努力工作。反觀優雅，卻是有點**迂迴曲折**或**拐彎抹角**，需要姿勢與形式的**自由嬉戲**，這種自由嬉戲可說是圍繞著動作而遊戲，而且擺脫了目標經濟。因此，優雅就落在目標明確的動作與猥褻的裸露**之間**。阿岡本避開了這種**介乎中間的優雅**。展示自我也會導致優雅喪失。克萊斯特(55)的〈論木偶戲〉提到，少年在鏡子前特意展現各種動作的那一刻，優雅就從他身上消失了。這裡，鏡子發揮了鏡頭般的效果；阿岡本的色情女星冷豔傲慢地望著鏡頭，完全展現自己，別無其他。(56)

阿岡本認為展示是一個絕佳機會，足以展現一種擺脫神學部署的裸露，藉由「被玷污」，產生新的用途。如此直接展示且沒有祕密的臉，什麼也不隱藏，什麼也沒有表達，純粹只是展示，可說是變得透明了。阿岡本看見一種特別的魅力，

54 同上，一二七頁。

55 譯註：克萊斯特（Bern Heinrich Wilhelm von Kleist, 1777-1811），德國詩人、作家。〈論木偶戲〉（Über das Marionettentheater, 1810）是一篇文藝理論論文。

56 參閱克萊斯特〈論木偶戲〉：「他的動作如此滑稽可笑，我壓抑不住大笑。——那天起，彷彿就從那一刻，年輕人身上出現了無可名狀的變化。他開始成天站在鏡子前，但對他人而言，他的吸引力逐漸離散。有股不可捉摸的看不見力量，像張鐵網罩住他姿勢的自由遊戲。一年後，他身上已不見讓周遭人賞心悅目的可愛魅力的痕跡。」

一種「發自於純粹展示價值的特殊誘惑力」。[57]展示，把臉淨空成一處**前表達性**（prä-expressiv）的場所。阿岡本在實踐淨空的展示中，期待一種新的情色（erotisch）溝通形式：「眾所周知，女人只要察覺有人注視，就會變得面無表情。因此，意識到暴露在目光之下，會創造出空白，強力中斷平時使臉龐神采飛揚的表達過程。這種直截了當的冷漠，是模特兒、色情明星和其他需要在他人面前展現自己的職業者必須學習的：除了展現，還是展現（亦即絕對的媒介化）。臉就這樣一直裝載著，直到最後充盈展示價值。但正是這種面無表情，把情色（Erotik）帶進本來不會出現的地方，也就是人臉（……）。人臉作為純粹展示的媒介，超越具體的表達，有了新的用途，成為新形式的情色溝通。」[58]最遲至此要問的問題是，裝載著充滿展示價值的臉龐，是否真有能力開啟「性欲全新的集體利用」、一種「新形式的情色溝通」？阿岡本評論道，這種前表達性、擺脫神學符碼的裸露，本身蘊含「褻瀆的潛力」，卻被「色情機制」給摧毀。與阿岡本的假設不同的是，色情**事後不會**妨礙性欲的新用途。成為裸露幫凶的臉**已經**變得色情了，它唯一的內容在於展示性，亦即展示沒有羞恥意識的裸體。猥褻的是那張沒有祕密、變得透明、只剩下展示性的赤裸的臉。一張裝載展示價值、幾乎滿盈的臉，才是色情的。

阿岡本並未看出展示本身即是色情。資本主義將一切當作商品展示，能見度過高，因而加劇社會的色情化。展示價值被極大化。資本主義不懂得性欲的其他用途。阿岡本要求的「性欲的集體利用」，就在色情廣告照片中成真了。「獨自消費色情圖片」，並不能單純「取代」性欲全新集體利用的承諾；不如說，單獨與集體的利用在使用色情圖片上是相同的。

阿岡本尤其忽略了情色與色情之間的本質差異。毫不遮掩地展示裸體，並不

57 阿岡本，《裸體》，頁一四四。
58 阿岡本，《瀆神》（Profanierungen），法蘭克福，二〇〇五，頁八九。

是情色。身體上的情色部分位於「衣服分開之處」，在「衣緣之間閃現」的肌膚，例如手套與衣袖之間。從頭到尾赤身裸體，無法產生情色張力，「漸顯與漸隱的展演」[59]才有辦法。賦予裸露光彩的，正是「中斷」（Unterbrechung）的**否定性**。毫無遮掩的裸露具有的肯定，則是色情的，缺乏情色的光彩。色情的身體是**滑溜**的，什麼也無法使其**中斷**。中斷，會產生矛盾、模稜兩可。這種**語義的模糊曖昧**是情色的。情色進一步以祕密與隱匿的否定性為前提，並沒有什麼透明情色。為了全然地展示與揭露，導致祕密消失之處，就是色情的開始。色情的先決條件是滲透、侵入的肯定性。

阿岡本假設在每個祕密當中，都有一個需要「褻瀆」的神學符碼。褻瀆擁有一種無祕密的美感，能夠引出「超越恩典的威望與墮落本性的誘惑」的赤裸：「在無法說明的遮蔽物背後，卻未藏著祕密：一旦揭露，不過是純粹的表象。〔……〕就此而言，裸體的要義（Mathem）毫無疑問是：haecce！即『除此之外無他』。」[60]但是，並沒有**情色的要義**，情色避開了「haecce!」。「除此之外無他」無祕密的明證性是色情的。而情色缺乏清晰明確的**指示**。情色的**提示**並不是指示。布希亞認為情色的誘惑力玩的是「預感他人有自己永遠不知道的祕密，我無法從他口中得知，但在祕密的遮蔽下，卻十分吸引我」。[61]色情既不吸引人，也沒有隱匿影射，反而具有傳染力與感染性。它缺乏讓誘惑得以醞釀成形的距離。而**撤退**所具備的否定性，必然屬於情色吸引力。

羅蘭‧巴特將攝影分成兩個要素，第一個叫作「知面」（studium），是從需要研讀的訊息所延伸的廣泛領域，像是「無所謂的希望、廣泛的興趣、搖擺的愛

59 羅蘭‧巴特，《文本的喜悅》（Die Lust am Text），法蘭克福，一九八二，頁一六－一七。
60 阿岡本，《裸體》，頁一四八。
61 尚‧布希亞，《致命策略》，頁一九一。

好：我喜歡／我不喜歡，I like/I don't」。[62]知面屬於「喜歡」（to like），而不是「熱愛」（to love）的範疇；「喜歡／不喜歡」是它的判斷形式。知面不激烈，也不熱情。第二個要素「刺點」（punctum）則是打破了「知面」。「刺點」不會產生喜好，而是傷口，是內心的激動與騷亂。千篇一律的照片沒有刺點，只是知面的對象：「新聞照片往往是千篇一律的照片（千篇一律的照片不一定就溫和）。在這些照片中沒有刺點：或許有震驚（這個詞會造成創傷），但沒有騷亂；照片可以『嘶喊』，但是不會造成傷害。這些新聞照片（瞥一眼）就看到，也看懂了。」[63]刺點打破了訊息的連續性，是種**裂隙**，是**斷裂**。它是極度強烈與密集的場所，具有**無法定義的東西**。刺點並不透明，也缺乏知面擁有的明證性：「沒有能力為事物命名，是內心慌亂的明確徵兆。〔……〕效果是存在的，但是說不出在哪裡，沒有標記，也找不到名字；然而這效果很銳利，而且落在我的自我（Ich）的某一處〔……〕。」[64]

巴特認為色情照片也是千篇一律的照片。它們是光滑、透明的，沒有斷裂，也不模稜兩可。但是，情色的特徵卻是裂隙與內在的分裂，既不光滑也不透明。情色照片是「被擾亂、有裂隙的」[65]照片。然而在色情照片裡，所有一切全部外顯，向外暴露。色情不具備內在性、隱密性與祕密：「就像櫥窗裡只擺放一件打上燈光的珠寶，色情照片完完全全只展示一樣東西：性具，沒有第二個不合時宜的主題來半遮半掩、延遲或轉移注意。」[66]猥褻是透明的，將一切毫不隱藏、毫不遮掩地暴露在大眾目光中。今日，媒體照片多少都是色情的。由於媒體照片想要取悅閱聽大眾，所以沒有任何刺點，不具符號學強度。它們沒有什麼能夠抓住、傷害的，頂多產出**按讚**的對象。

62 羅蘭．巴特，《明室，攝影札記》，頁三六。
63 同上，頁五一。
64 同上，頁六〇—六一。
65 同上，頁五一。
66 同上。

巴特認為電影畫面沒有刺點，因為刺點連結著深思熟慮的逗留：「面對銀幕，我無法隨心所欲閉上眼睛，因為通常再睜開眼後，畫面便不一樣了。」[67]只有觀看時深思熟慮、稍作逗留，才能感受到刺點。巴特說，照片一張接著一張不間斷，會迫使觀看者變得「持續貪食」。刺點擺脫了不會「深思熟慮的」[68]消費、貪食的目光。刺點不會立刻顯現，而是後來逗留回憶時，才會顯露：「即使刺點清楚明顯，有時候要等到我眼前沒了照片，事後再度回想起才會出現，而這並不奇怪。我覺得回想起的照片比看到的還要熟悉〔……〕。我現在明白了，就算刺點再怎麼直接、深刻，總要經過一段潛伏期（但這沒借助任何精確研究），才會為人發現。」[69]要在「閉上眼睛」後，「音樂」才會響起。巴特引用卡夫卡（Franz Kafka）的話：「我們拍攝物品的目的是將它們趕出腦海。我的故事是閉上眼睛的一種方式。」[70]要與圖片保持一段深思熟慮的距離，音樂才會響起。眼睛若是直接看見照片，音樂就停了。此外，巴特說攝影必須「安靜」。唯有「努力安靜下來」，照片才會顯露出刺點。刺點是讓深思熟慮的逗留得以發生的**安靜處所**。可是，我們不會在色情照片前面逗留。這些照片被展示，所以才喧嘩刺耳。它們缺乏時間寬度，也不允許回憶，只提供直接的刺激與滿足。

知面是一種讀物：「基於知面，所以我對許多照片很感興趣，把它們當作政治事件的見證，或者當成生動鮮明的歷史照片欣賞：因為我身為文化（知面也有這層含義）的一分子，也參與了這些人物、表情、姿態、外在背景與行為。」[71]如果文化是由人物、表情、姿態、敘述和行為所組成，那麼今日的視覺色情化就是去文化。去文化的色情照片沒有東西可供人閱讀，而是像廣告照片一樣直接、可觸，具有感染性。色情照片是**後詮釋學**的，並不提供知面得以容身的那種距離。

67 同上，頁六五。
68 同上，頁六六。
69 同上，頁六二。
70 同上，頁六五。
71 同上，頁三五。

它們的作用模式不是閱讀，而是感染與發洩。色情照片也沒有刺點，而是把自己掏空成一種**奇觀**（spectaculum）。因此，色情社會是一種奇觀社會。

BESCHLEUNIGUNGSGESELLSCHAFT

加速社會

根據沙特的觀點，一旦身體簡化到只有純粹肉體這個事實，就會變得猥褻。失去相互關係的身體是猥褻的，因為沒有方向、沒有採取行動，或者不處於情境之中。當身體的動作多餘冗贅時，是猥褻的。沙特的猥褻理論也適用於社會體（Gesellschaftskörper）及其過程與活動。這些若是被剝除了敘事、方向、意義，就會變得猥褻。它們的冗贅與多餘便成了臃腫、去個體化、向外蔓生，而且漫無目標、無形無狀地擴張。這就是其猥褻所在。過度活躍、過度製造與過度溝通，加速越過了目標，所以是猥褻的。沒有真正在運動、也無法推動什麼的過度加速，是猥褻的。由於過度，所以衝過了頭。這種為了自己而加速的純粹運動，是猥褻的：「比起在速度與加速中，運動在靜止不動時消失得較少——動得更激烈，運動就消失了；可以說，把運動逼到了極限，便剝奪了運動的意義。」(72)

72 布希亞，《致命策略》，頁一一二。

加法（Addition）比敘述還要透明。唯有過程是相加（additiv）時可以加速，敘述的時候不行。只有處理器的操作是完全透明的，因為透過了加法計算。而儀式與典禮是敘述的過程，避開了加速。獻祭過程中若是想要加速，將是褻瀆的。儀式與典禮有自己的原時（Eigenzeit）、步調與節奏。透明社會廢除一切儀式與典禮，因為它們不可操作，會妨礙訊息、溝通與製造的加速循環。

相對於計算，思考不是自我透明的。思考不遵循預先計算好的軌道，而是保持開放。根據黑格爾的看法，思考具有一種否定性，讓它經驗改變它的經歷。對思考來說，這種變得不同（Sich-Anders-Werden）的否定性非常重要。這是思考與始終如一的計算不同之處。計算的相同性是能否加速的條件。而否定性不僅凸顯經歷，也強調了知識。單一的認知可以徹底質疑並且轉變已存在之事。這種否定性不存在於資訊中。即使是經驗，也具有發揮轉變力量的結果。這就是經驗（Erfahrung）之所以有別於經歷（Erlebnis）：經歷並不觸及已存在之事。

由於缺乏敘事性，使得處理器（Prozessor）跟屬於敘事事件的行進（Prozession）有所區隔。與處理器不同的是，行進的目標十分明確，因此毫不猥褻淫穢。處理器與行進同樣源出拉丁語動詞 procedere，意指「往前進」。行進鑲在敘事中，因此具有敘事張力。行進將敘事中的特別段落舞台化，透過舞台美學凸顯而出。由於敘事性的關係，行進具有自己的原時。因此不可能加快往前進的速度，而且也沒必要。敘事不是加法。而處理器的往前進缺乏任何敘事性，其行動沒有影像，沒有場景。與行進相反的是，它沒有敘述任何事，只是在算數罷了。數字是赤裸的。即使是同樣源自拉丁語動詞 procedere（往前進）的步驟（Prozess），基於其功能性，也一樣欠缺敘事性，因此有別於需要舞台美學與舞蹈創作的敘事過程。功能限定的步驟，只是操控或管理的對象。當社會「不再有舞台，處處可見強硬的透明之時，就會變得猥褻」。(73)

73 同上，頁八一。

朝聖之旅最終經常被塑造成宗教行進。嚴格來說，唯有在敘事之內，才可能有這種結尾。在去敘事、去文化的世界裡，結局只不過是會造成痛苦與困擾的中斷。唯有在敘事的框架內，結局才有可能完整圓滿。若不具任何敘事光輝，結局絕對永遠逸失，永遠匱乏。處理器沒有敘事，因此無法抵達結尾。而朝聖之旅是敘事事件。因此，朝聖之路不是需要盡快穿越的通道，而是一條富含語義符號的道路。在路上，承載了贖罪、治療或者感恩的意義。由於這種敘事性，朝聖不可以加快速度。此外，朝聖之路是抵達**那裡**的過渡道路。就時間而言，朝聖者走向的是未來，期待能獲得救贖。就這層意義來說，朝聖者不是旅客，因為旅客逗留在當下、此時此地。所以在真正的意義上，旅客並非在路上。他們的旅途不具有意義，因為不值得一看。旅客不熟悉旅途豐富的語義符號與敘事性。旅途失去了敘事的敘述力量，成為空虛的通道。語義符號的匱乏與缺少時空的敘事性，是猥褻的。以障礙或過渡形式出現的否定性，是敘事張力的構成要素。強制透明，廢除了一切界線與門檻。當空間被整得光滑平坦、被清空之後，就變得透明了。透明的空間缺乏語義符號。唯有通過門檻、過渡，甚至是阻力，意義才會產生。就連童年第一次的空間經驗，也是一種門檻經驗。門檻與過渡都是祕密、模糊、轉變、死亡與恐懼的地帶，但也是渴望、希望與期待的地帶。它們的否定性構成了熱情的地誌景觀（die Topologie der Passion）。

敘事是在練習選擇。敘事的軌道很窄，只能容許特定事件。因此，能夠防止肯定性的增生與去個體化。今日社會充斥著過度肯定，表示敘事性已然消失。就連記憶也一樣受到波及。記憶的敘事性，將記憶與只會積累相加的儲存區隔開來。由於敘事的歷史性（Geschichtlichkeit），所以記憶痕跡（Gedächtnisspuren）不斷處於重組與改編中。[74]與記憶痕跡不同，儲存的資料始終如一。如今，記憶不停

74 佛洛依德在給朋友威廉・弗里斯（Wilhelm Fließ）的信中寫道：「你知道我在探究的假設是，隨著時間，記憶痕跡既有的物質，會根據新的關係與情勢進行重組、改編，因而層層交疊出我們的心理機制。因此，我的理論基本的新穎處是，主張記憶不是單一存在，而是多重的，存放於不同種類的符碼中。」（西格蒙德・佛洛依德，《給威廉・弗里斯的信》〔Briefe an Wilhelm Fließ, 1887-1904〕，馬森〔J. M. Masson〕發行，一九八六，頁一七三。）

肯定化，成了垃圾堆與資料堆，變成「舊貨店」或「塞滿大量雜亂無章、保存不良的圖像與破舊象徵的倉庫」。[75]舊貨店裡的東西只是隨意排放，並未分層別類（geschichtet），因此缺乏歷史（Geschichte），既無法回憶，也不能遺忘。

強制透明會破壞事物的香氣，摧毀時間的香氣。透明不會散發香氣。透明的溝通不容許定義含糊，所以是猥褻的。立即的反應與發洩也同樣猥褻。普魯斯特認為「立即享樂」一點也不美。事物的美感「許久之後」才會以回憶的形式，出現在其他事物的美感光芒中。美的不是奇觀瞬間的光芒，不是立即的刺激，而是安靜的餘暉、時間的磷光。一連串的連續事件或刺激，並不構成美的時間性（Temporalität）。美感是學生，是後來者。事物要到後來才會揭露它們美的芳香本質，那本質是由時間累積下來的層次，以及會發出磷光的堆積物所組成的。而透明並不會發出磷光。

今日的時間危機不是加速，而是時間散亂與瓦解。時間的不同步，造成時間漫無方向亂衝，崩碎成單純連續的點狀、微小原子狀的當下。因此，時間是相加的，抽空了任何敘事性。原子不會散發香氣。象徵的引力、敘事的重力，都必須先將原子結合為會釋放香氣的分子。唯有複雜的敘事產物，才會逸沁芳香。加速本身不是真正的問題，所以解決方式不在於減速。單是減速本身，不會產生節奏、韻律與香氣，無法防止墜入虛空。

75 保羅・維希留（Paul Virilio），《欺矇的戰略》（Information und Apokalypse. Die Strategie der Täuschung），慕尼黑，二〇〇〇，頁三九。

INTIMGESELLSCHAFT

親密社會

十八世紀的世界是一個世界劇場（theatrum mundi），公共空間等於舞台。戲劇距離阻擋了身體與心靈的直接接觸。戲劇與觸覺是相對立的。我們透過儀式的形式與符碼溝通，以減輕心靈的負擔。在現代，戲劇距離逐漸縮減，讓親密得以滋長。理查・桑內特從中看見一個致命的發展，會奪走人「與外在自我形象嬉戲玩耍，以及對其投入感情」[76]的能力。形式化、傳統化與儀式化，並未將表達力排除在外。劇場是個表達的場所。不過這類表達是客觀感受，不是內心精神的顯現。因此是展演的，不是展示的。當今世界不是行為與感受被展演、閱讀的劇場，而是親密被展示、販賣與消費的市場。劇場是展演的場所，市場則是展示的場所。而在今日，劇場的展演已經讓位給色情的展示了。

76 理查・桑內特，《再會吧，公共人》(Verfall und Ende des öffentlichen Lebens. Die Tyrannei der Intimität)，柏林，二〇〇八，頁八一。

桑內特假定「戲劇性與私密性保持著一種特殊且敵對的關係，與開放的公共生活同樣也保持特殊卻友善的關係」。[77]親密文化伴隨著客觀公共世界的崩塌而生，公共世界不是親密與經驗的對象。根據親密的意識形態，社會關係愈實在、真誠、可信、可靠，就愈靠近個體的內心精神需求。親密，是透明性的心理學公式。人相信吐露親密感受與情緒、坦露心靈，能夠達到心靈的透明。

社群媒體與個人化搜尋引擎，在網路建立了一個絕對的親密空間，排除一切外來者。在親密空間裡，只會遇見志同道合的人，不再存在能夠引發變化的否定性。這種數位鄰居只提供參與者中意的一個世界片段，就這樣排擠掉公共領域，以及公開、甚至是批判的意識，將世界私有化。網路因而轉變成私密空間或舒適圈。被摒除任何距離的切近（Nähe），是透明性的另一種表達形式。

親密獨裁專橫，將一切心理化、個人化，連政治也難以脫身。於是，政治家不再依據其作為受到公評。大眾的興趣反而集中在他們個人身上，他們不得不開始表演。公共領域消失，留下一個空洞，湧入親密細節和個人隱私。公開發表個人私事，取代了公共領域。公共領域於是成了展示空間，離集體行動的空間愈來愈遠。

人（Person，拉丁語為 persona），原始的意思是面具。人透過面具，賦予透過它發出的聲音（per-sonare）人格，甚至是形狀與外形。透明社會作為公開與揭露的社會，反對任何形式的面具，反對表象。社會逐漸去儀式、去敘述，也抽空了它的表象形式，使其變得赤裸。決定遊戲與儀式的是客觀的規則，而非主觀的精神狀態。想與他人遊戲，就得服從客觀的遊戲規則。遊戲的社交互動不是基於彼此的自我坦露，人保持距離時反而樂於交際。但這卻被親密破壞了。

77 同上。

親密社會不信任儀式化的姿勢，以及禮儀形塑的舉止，因為在親密社會中，那顯得表面、不真實。儀式是具體化表現形式的動作，也就是去個體化、去個性化與去心理化。參與者「展現表達能力」，[78]卻不需要展示或揭露自己。親密社會是一種心理化的去儀式社會，是招認、揭露、失去色情距離的社會。

親密破壞了許多客觀的遊戲空間，留給各種主觀情緒的起伏波動。在儀式空間裡，客觀的符碼流通循環著，不讓自戀占據。儀式空間在某方面是空的，並不存在。自戀表達的，就是與自己親密得沒有距離，也就是缺乏自我距離。親密社會任著自戀的親密主體，他們欠缺保持劇場距離的能力。桑內特對此寫道：「自戀者不追逐經驗，而是渴望經歷，想要在他遇見的一切之中經歷自己。因此，他會貶低任何互動與事件。〔……〕」[79]根據桑內特的觀點，自戀疾患逐漸增多，原因在於「當今社會將其內在的表達過程心理化，削弱了在個別的自我界線之外、對社交互動十分重要的意義」。親密社會除掉了儀式、典禮的符碼，在這些符碼的掩蓋下，人可以逃離自己，喪失自己。在經驗中，我們遇見他者；在經歷中，卻到處看見自己。自戀主體無法隔開自己。他的存在界線模糊不清；因此，也無法形成穩固的自我形象。自戀主體和自己黏合得太緊密，所以不可能和自己遊戲。變得憂鬱的自戀者，會溺死在與自己無止境的親密關係中，沒有空間與不在場讓自戀者與自己保持距離。

78 同上，頁四六七。
79 同上，頁五六三。

INFORMATIONSGESELLSCHAFT
資訊社會

仔細看柏拉圖的洞穴，建造得就像一座劇場。囚禁在裡頭的人，宛如劇場舞台前的觀眾。他們和背後的火之間有條通道，沿著通道築有一道類似隔板的矮牆，「由表演者建造，在上面向觀眾展示他們的特技。」[80]各式各樣的工具、木製或石製的柱像和雕像沿著矮牆經過，影子投射在壁面上，囚犯目不轉睛盯著。有些舉著雕像的人經過時會講話，其他人則是沉默不語。由於囚犯無法轉頭，因此以為說話的是影子本身。柏拉圖的洞穴是一種皮影戲。投影在壁面上的物體，不是世界上的真實之物，全都是戲偶和道具。真實之物的影子與反射只存在於洞穴之外。對於那個被強力帶出洞穴、進入光之世界的人，柏拉圖這麼評論：「我想，他若想看見上面的事物，勢必要先適應才行。他最容易認出的應該是影子，然後是人與其他物體的水中倒影，接著

80 柏拉圖（Platon），《理想國》（Politeia），五一四b。

才是物體本身。」[81]被鎖鏈鎖在洞穴中的人，看到的並非真實世界的影子形狀，而是上演的一齣戲。就連火也是一種**人工照明**。囚犯實際上是被**舞台場景**，也就是**舞台幻覺**（szenische Illusion），給**鏈住**了。他們投入於一場**遊戲**、一場**敘事**中。柏拉圖的洞穴譬喻，不是一般柏拉圖詮釋者所謂不同的理解形式，而是不同的生活形式，也就是敘事與認知的存在模式。柏拉圖的洞穴是劇場。在洞穴的譬喻中，劇場這個**敘事世界**與**知識世界**是對立的。

洞穴中那團人工照明的火，製造出舞台幻覺，投射出**假象的光**，因此和作為**真理**媒介的自然光有所區隔。柏拉圖的光，方向十分明確，是以太陽為**源頭**流瀉而下。一切存有者（Seiende），都是以代表善的理念的太陽為依歸。太陽是一種**超越**，甚至坐落在「存有（Sein）的另一邊」，因此也稱之為「神」。存有者將其真理歸功於這種**超越**。柏拉圖式的陽光是有階級的，以知識分級，從單純仿像的世界到可感知的事物，最後是智力理解的理念世界。

柏拉圖的洞穴是敘事的世界。在這裡，事物間的連結沒有原因，而是遵循著以敘事串連事物或符碼的戲劇學或舞台美學。真理之光把世界**去敘事化**。太陽銷毀了假象；模仿與變形的遊戲，被**追求真理**取而代之。柏拉圖為了僵化的同一性，譴責出現的任何些微變化。他對模仿的批判，尤其針對假象與遊戲。柏拉圖禁止一切舞台效果的描述，甚至拒絕詩人踏進他的真理城邦：「有人憑藉聰明才智，施展各式各樣的能力，描述一切事物。當他光臨我們的城邦，想為我們朗誦他的詩篇，以為我們應該致上敬意，稱他是神聖、優雅、令人佩服的；我們反而會告訴他，我們城邦中沒有這樣的人，也不允許這類人進城，然後在他頭頂塗以沒藥，飾以羊毛冠，送他到別的城邦去。〔……〕」[82]透明社會同樣是個**沒有詩人的社會**，沒有誘惑，也沒有變形。畢竟是詩人創造出舞台幻覺、表象形式、儀典、儀式符碼，而且以**人工製品**與**反事實**（Artefakten und Antifakten），來對抗超寫實且赤

81 同上，五一六a。

82 同上，三九八a。

裸的事實。

從古希臘羅馬時期、中世紀到文藝復興，光的隱喻始終是哲學與神學的主要論述，並提供了強大的**指涉**。光自某**源頭**或**發祥地**湧現，是一種媒介，隸屬於具有義務、可下令禁止、給予承諾的主事者，例如神或理性。因此，光發展出否定性，能產生極化作用，製造對立。光與暗同源；光與影一體；善中亦有惡。理性的光，與非理性或單純感官的暗相生相隨。

不同於柏拉圖的真理世界，當今的透明世界，缺乏那種存在著**形上學衝突關係**的神性之光；**透明是不具有超越性的**。透明社會是**透明的**，卻沒有**光照**，它不會有那種來自超越性源頭的光照。其透明不是因為明亮的光源照耀所致；透明的媒介不是光，反而來自**無光的照射**。這種照射不是**照亮**，而是穿透一切，讓一切一目瞭然。與光相反，這種照射是滲透、侵入式的，進一步產生均質與平整的效果。反觀形上學的光，則會形成階級與差異，進而創造秩序與方向。

透明社會是資訊社會。資訊若是欠缺否定性，即是透明的一種現象，成為肯定、可操作的語言。海德格應該會稱之「集—置」（Ge-Stell）[83]的語言：「說話受到逼索（herausgefordert），以在各方面符合在場者（Anwesende）的可訂造性。說話如此被放置，就成了資訊。」[84]資訊**放置**（stellt）了語言。海德格從控制構想出「集—置」。訂—置（Bestellen）、表—置（Vorstellen）與置—作（Herstellen）等放置的象徵，與權力及主權的象徵相對應。訂置將存有者**放置**成儲備物；表置將其**放置**成對象。但是，海德格的「集—置」不包含**當今**特有的放置形式。當今的放置形式是展示（Aus-Stellen）或展露自己（Zur-Schau-Stellen），而那最初不是用來獲取權力的。他們努力追求的目標不是權力，而是關注；其動力不是**戰爭**

83 譯註：「集—置」(Ge-Stell)，或譯作「框架」、「座架」。
84 海德格，《走向語言之途》(Unterwegs zur Sprache)，斯圖加特，二〇〇七，頁二六三。

（Polemos），而是**色情**（Porno）。權力與關注並不疊合。有了權力，就**擁有**他者；追求關注顯得多餘。關注並不會自動產生權力。

海德格也只從主權的角度思考圖像：「圖像〔……〕可從『我們對某事瞭如指掌』[85]這慣用語中聽出來。〔……〕理解某事[86]表示：把存有者以其原有的境況擺在自身面前，自身面前因而永久擁有如此被擺置的存有者。」[87]對海德格來說，圖像是媒介，透過這個媒介，我們強占存有者，將之收為己有。這個圖像理論並非在解釋今日的媒體照片，因為它們都是相似物，不代表「存有者」。將存有者「擺置在自身前，會永久擁有如此被擺置的存有者」，不是媒體照片的意圖。它們是沒有指涉的相似物，擁有**自身之生命**（Eigenleben），也在力量和主權之外**蔓生**，似乎比「存有者」**存有感更強，更有活力**。大量的多媒體資訊與溝通比較是「集－量」（Ge-Menge），而非「集－置」。[88]

透明社會不僅沒有真理，也沒有表象。真理和表象都是無法看透的。全然透明不過是**空**。為了驅走這種空，就需要資訊大量流通。但大量的資訊與圖片看似豐富充實，卻更明顯看得見空。單是更多資訊與溝通，無法**照亮**世界。一目瞭然

---

85 譯註：德文為「wir sind über etwas im Bilde」，字面翻譯為「我們處於關於某事的圖像中」。

86 譯註：德文為「Sich über etwas ins Bild setzen」，字面翻譯是「把自己置入某事的圖像中」。

87 海德格，《林中路》（Holzwege），法蘭克福，二〇〇三，頁八九。

88 虛擬世界缺少**真實**（Realen）的抵抗與**他者**的否定。若是海德格，應會再度援引「大地」（Erde），抵制虛擬世界失重的肯定性。大地代表隱蔽、無法開顯與自行閉鎖：「大地讓任何侵入就在她身上毀滅。〔……〕大地本質上無法開顯，而受到維持和保護。撤離任何的開顯，亦即永久保持閉鎖，大地才會顯露自身，敞開澄亮。〔……〕大地本質上是自我閉鎖之物。」（《林中路》，頁三二）。「天空」也含有未知者：「因此未知的神透過天空的敞開性（Offenbarkeit），顯現為未知者。」（《演講與論文集》，頁一九七）海德格的「真理」是「無蔽狀態」（Unverborgenheit），同樣也鑲嵌在「隱蔽狀態」（Verborgenheit）裡。「無蔽者」（Unverborgene）是從「隱蔽狀態」扯裂出來的。（《路標》（Wegmarken），作品集第九冊，法蘭克福，一九七六，頁二二三）。因此，真理有一道「裂隙」。「裂隙」的**否定性**對海德格是「疼痛」。而肯定的社會會避開「疼痛」。作為無蔽狀態的真理既不具有否定性的光，也不是透明的照射，而是受到隱蔽者滋養。真理是「澄明」（Lichtung）的，就如黑暗林中敞開的空地（譯註：Lichtung，德文原意是「林中空地」，由Licht「光」延伸而來），因此與缺乏任一否定性的明證性和透明性有所區隔。

的透明，不會有深刻洞察力。大量資訊不會得出**真理**。資訊釋放得愈多，世界愈加混亂。資訊超量、過度溝通，不會為黑暗帶來**光**。

ENTHÜLLUNGSGESELLSCHAFT
揭露社會

十八世紀在某方面並非與現代完全不像，它早已十分熟悉揭露與透明的激情。讓．斯塔羅賓斯基在他研究盧梭的著作中寫道：「表象的欺騙性這個主題，在一七四八年不是獨創的。戲劇、教會、小說或報紙，各以自己的方式，在在揭發偽裝（Verstellung）、因襲、偽善與面具。在論戰和諷刺的語彙中，沒有其他詞彙出現得比**揭露**和**揭穿**更頻繁。」[89]盧梭的《懺悔錄》反映了真理與自白開始時期的特徵。《懺悔錄》開宗明義即提到，他希望把一個人的「真實面目」（toute la vérité de la nature）展現出來。他「前無古人、後無來者」的「事業」，是毫不留情地把「心」敞開。盧梭向神擔保：「我如實展現自己的面貌。〔……〕我揭露出我的內心（mon intérieur），就如同祢一直以

89 讓．斯塔羅賓斯基（Jean Starobinski），《盧梭：透明與阻礙》（Rousseau, Eine Welt von Widerständen），慕尼黑，一九八八，頁一二。

來所見。」[90]他的心一定就像水晶般透明（transparent comme le cristal）。[91]水晶般的心，是他思想的一個基本隱喻：「他那顆如水晶般透明的心，無法隱藏心裡發生的事；心裡湧現的任何情緒，也會傳達到眼睛和臉龐。」[92]盧梭要求「敞開心，讓一切感受與思緒息息相通，每個人都可以敞開心胸，如實向他人展現自己」。[93]盧梭呼籲同胞以「同樣的坦率，真誠揭露」自己的心。這就是盧梭的**心的獨裁**。

盧梭要求透明，宣示了典範的轉移。十八世紀的世界仍舊是個劇場，充滿場景、面具與人物。時尚本身也是戲劇，街頭服飾與戲服本質上並無不同；面具也一樣時興。大家真心熱愛戲劇演出，沉醉在舞台幻覺裡。仕女髮型（pouf）也成為舞台，頭頂上的髮型若非描述歷史事件（pouf à la circonstance），就是表達感受（pouf au sentiment）。為了描繪場景，甚至將陶瓷人偶編入頭髮；有人將整座花園或一艘滿帆的船戴在頭頂上。不分男女，皆將紅色化妝品塗在臉上。臉龐成了一座舞台，還點上美人痣（mouche），展現特定的性格特徵。點在眼角，表示熱情；貼在下唇，表示女子坦率直接。身體也是舞台表演的場所。這裡指的不是把隱藏的「內在」（l'intérieur），也就是「心」，不加偽裝地表現出來；而是操弄表象、舞台幻覺。身體是沒有靈魂的假人，被穿上衣服，被裝飾，被符碼和意義打扮。

盧梭以心與真理的論述，對抗面具與角色的遊戲。他猛烈抨擊在日內瓦蓋劇院的計畫，認為戲劇是一種「偽裝成他人的技術，展現他人而非自己的性格，行

90 讓–雅克・盧梭（Jean-Jacques Rousseau），《懺悔錄》（Bekenntnisse），慕尼黑，一九七八，頁九。
91 同上，頁四四〇。
92 盧梭，《對話錄：作為讓–雅克審判者的盧梭》（Rousseau richtet über Jean-Jacques. Gespräche, Schriften in zweu Bänden），立特（H. Ritter）發行，慕尼黑，一九七八，第二卷，頁二五三–六三六，此段引自頁四八四。
93 盧梭，《新愛洛伊斯》（Julie oder die neue Heloïse），慕尼黑，一九七八，頁七二四–七二五。

為舉止迥然不同，冷血易怒，心口不一，卻自然得好似自己真正的想法，處於他人的情境，到頭來忘記自己的處境」。[94]劇院被譴責是偽裝、表象、誘惑的場所，缺乏任何透明性。表達不可裝腔作勢，必須反映透明之心。

在盧梭身上可以觀察到，全然透明的道德觀必然翻轉成獨裁。透明性的英勇計畫意圖扯掉所有面紗，將一切攤在陽光下，驅逐一絲一毫的黑暗，最後導致暴力。光是禁止戲劇與模仿（這是柏拉圖早已為他的理想國立下的規定），便賦予盧梭的透明社會極權的特質。因此，盧梭偏愛小型城邦，因為「永遠受到公眾監視的個人，天生是他者的道德審查員」，而「警察可以輕易監督眾人」。[95]盧梭的透明社會證明是一個全然控制與監視的社會，他對透明的要求激化成無上命令：「倫理學的唯一命令可代表其他一切，那就是：全世界看不見也聽不到的事，千萬別說、別做。我本人始終將那羅馬人視為最值得尊敬的人，因為他希望將房子蓋得可以看見裡面發生的一切。」[96]

盧梭要求心要透明，是一道**道德**命令。羅馬人和他那棟一目瞭然的房子，也一樣遵循**道德**原則，也就是「倫理學命令」。那棟「有天花板、牆壁、窗戶與門的完美房子」，如今反正已被「物質與非物質的纜線」給處處「穿孔」，崩解成一處廢墟，「溝通的風從裂隙吹進來。」(97)溝通與資訊的**數位之風**穿透一切，讓一切透明，吹拂過透明社會。然而，數位網路即使作為透明的媒介，卻不會屈從於**道德**命令。數位網路可以說缺少了**心**；心曾是傳統上真理在神學—形上學的媒

94 盧梭，《致達朗貝爾的信》(Brief an Herren d'Alembert)。與他在百科全書第七卷中的文章〈日內瓦〉有關，尤其是在日內瓦建立一座劇院的計畫。作品集第一卷，頁三三三—四七四，此處引用自頁四一四。

95 同上，頁三九三。

96 盧梭，《新愛洛伊斯》，頁四四四。盧梭構思了一個人類可以彼此看透的自然狀態：「在藝術形塑我們的外在行為，要我們的熱情說出矯揉造作的語言之前，我們的態度雖然粗野卻自然，生活方式的差異在第一眼就顯露出性格的差異。人性基本上沒有更優秀，但是輕而易舉看透彼此，讓人感到安全。這個我們不再意識到其價值的優點，免除了許多惡行惡習。」《論科學與藝術》(Abhandlung über die Wissenschaften und Künste)，作品集第一卷，頁二一七—六〇，此處引用自頁三五。

97 維蘭・傅拉瑟(Vilém Flusser)，《媒體文化》(Medienkultur)，法蘭克福，一九九七，頁一六二。

介。數位透明不是心電圖式的（kardiografisch），而是色情的（pornografisch）。數位透明也帶來了經濟上的環形監獄[98]。要追求的，不是心的道德純淨，而是最大利益與最高關注。因此，照得通透明亮，允諾了**最大收益**。

98 譯註：環形監獄（Panoltikum），是英國哲學家邊沁（Jeremy Bentham, 1748-1832）提出的建築形式。環形建築中央有一座監視用高塔，監看建築裡的一切動靜。他死後，遺體經過處理，如今放置在倫敦大學學院的走廊。

KONTROLLGESELLSCHAFT

監控社會

「我們經歷透視空間與環形監獄的終結。」布希亞一九七八年在《真實的臨死掙扎》[99]中寫道。布希亞還以電視這個媒介發展他的論述：「電視眼（Fernsehauge）不再是絕對目光的起點，透明也不再是監控的理想典範。以前在客觀空間（文藝復興的空間）裡，要擁有專制目光的絕對權力，先決條件仍舊是透明。」[100]布希亞當年還不認識數位網路化。現在我們一定會發現，與他對時代的診斷不同的是，我們目前並非經歷環形監獄的結束，而是全新**非透視**環形監獄的開始。二十一世紀數位環形監獄的非透視，在於不再受到中央監視塔，也就是獨裁目光的絕對權力監看。邊沁式環形監獄（Benthamsche Panoptikum）的本質是劃分出中央與周圍，如今這種區分已經消失。數位環形監獄不需要透視光學，所以具有效率。非透視的照透

99 布希亞，《真實的臨死掙扎》（Agonie des Realen），頁四八。

100 同上，頁四七。

（Durchleuchtung），比透視監看更有效，因為可以從四面八方、從各個地方，甚至從每一個人那裡，把人照得透亮。

邊沁的環形監獄是規訓社會的現象，是一種勞改營。規訓社會的典型機關，如監獄、工廠、瘋人院、醫院與學校，都受到這種一覽無遺的監控。環繞監控高塔設置的牢房彼此嚴格隔離，囚犯無法交談；牢房的牆壁也防止他們看見對方。邊沁認為，讓囚犯感到孤單，才能達到矯正的目的。監視者可以一清二楚看見牢房內的動靜，但是囚犯看不見他。「環形監獄的精髓在於，監視者位於中心位置，再加上眾所周知關於**觀看而不被看見**的巧妙設計。」[101]藉著精心設計的機關，喚起不斷受到監看的錯覺。環形監獄只有一面是透明的。這就是它建立權力結構與控制結構的透視性。但是在非透視性中，卻沒有中央之眼，沒有中央主體或主權。邊沁環形監獄裡的囚犯知道監視者持續存在，而數位環形監獄裡的住民則誤以為自己是自由的。

今日的監控社會擁有特殊、一覽無遺的透視結構。不同於邊沁環形監獄裡彼此隔離的囚犯，監控社會裡的住民連結成網絡，而且溝通密切。其透明不是來自隔離產生的孤寂，而是過度溝通所致。數位環形監獄的特殊性主要在於，住民展示自己、揭露自己，主動參與監獄的建造與維護。他們在看得一清二楚的市場裡展示自己。色情的自我展示與一覽無遺的監控於是逐漸融合。偷窺癖與暴露癖將網路滋養成數位環形監獄。當監控社會的主體不是因為外在壓力暴露自己，而是出於自我需求，亦即並非害怕必須放棄隱私與親密領域，而是想要不知羞恥地加以展示時，監控社會就圓滿形成了。

有鑑於監控技術日新月異，未來主義者大衛・布林大膽建議，要人人彼此監控，也就是全民共享監控。他藉此盼望一個「透明的社會」，所以他推舉無上命

101 傑瑞米・邊沁（Jeremy Bentham），《環形監獄》（Panopticon），信件五。

令：「若我們反過來也拿到手電筒，照亮任何人，我們可以忍受生活不斷暴露於審查下，攤開自己的祕密嗎？〔……〕」[102]布林的「透明社會」烏托邦，建立在消除監控的限制。所有會產生權力與控制關係的不對稱資訊流，都應該排除，因此必須互相照亮。不僅要從上監視底下，也要從下往上監控。每個人都應該被他人看見，受到他人控制，連隱私也不能保留。這種全然的監視，將「透明社會」降級為沒有人性的監控社會。你監控我，我監控你。

透明與權力互不相容。權力喜歡隱藏在祕密中。保密（Arkan）是權力的一種手法。透明則會拆卸權力的保密範圍。不過，唯有形式日漸極端的永久監視，才能達到彼此透明的結果。這就是監控社會的邏輯。此外，全然的監控也會破壞行動自由，最終導致一體化。監控無法簡單就取代那建立自由行動空間的信任：「人必須相信、信任他的執政者。因為信任，所以可賦予執政者某種行動自由，無須不斷考核與監視。執政者若沒有這樣的自治權，實際上將會寸步難行。」[103]

唯有在知與不知之間，信任才得以形成。即使對他者一無所知，仍舊可以建立正面的關係，這就是信任。即使缺乏認識，一樣可以行動。若是我事先什麼都知道，信任就顯得多餘了。透明這種狀態，排除任何的一無所知。透明主宰之處，沒有信任存在的空間。「透明創造信任」，事實上應該叫作「透明銷毀信任」。正是信任消失了，要求透明的聲量才會變大。社會一旦建立在信任上，絕不會冒失地要求透明。透明社會是猜疑與不信任的社會，因為信任消失，所以倚賴監控。大聲疾呼要求透明，正足以表示社會道德基礎脆弱不穩，誠實或正直等道德價值逐漸喪失意義。透明取代了遭到廢除的道德機構，成為新一代的社會命令。

透明社會準確遵守功績社會的邏輯。功績主體不受強迫他工作、進而剝削他

102 大衛．布林（David Brin），《透明社會》（The Transparent Society），雷丁（麻薩諸塞），一九九八，頁一四。

103 桑內特，《不平等世界中的尊敬》，頁一五二。

的外在統治機構所束縛。他是自己的主人與老闆。然而外在機構崩解，也不會帶來真正的自由與解脫，因為剝削功績主體的是他自己。剝削者同時也是被剝削者；施暴者與受害者是同一個。自我剝削比外來剝削更有效率，因為伴隨著自由的感覺。功績主體受制於一種自我生成、自願的束縛。這種關於自由的論證，同樣奠基於監控社會。自我剝削比外來剝削的效率更高，因為它與自由的感覺同時間出現。

邊沁的環形監獄計畫，主要出於**道德**動機或**生命政治**動機。根據邊沁的見地，一覽無遺的透視控制首要期待的效果是「道德得以重整」。[104]他舉出，其他效果還包括「健康得以維護」、「規範得以通用」，而「濟貧法（Poor-Laws）的棘手問題雖未斬除，但已有所鬆解」。[105]強制透明，如今不再是清楚的道德或生命政治命令，主要是經濟命令。把自己照得透亮，就是甘受剝削。**照得透亮就是剝削**。人若過度曝光，會產生極大的經濟效益。透明的顧客是新囚犯，是數位環形監獄裡的**神聖之人**（Homo sacer）。

嚴格來說，透明社會並不會形成**共同體**，只是自我隔離的個體或許多的**我**（Egos）偶然的**聚合**或**集結**，他們追求共同利益，或是圍繞著品牌群聚（即品牌社群，Brand communities）。聚合與集結不同於**集會**，集會能夠促進共同、政治的行動，能夠形成**我們**。聚合與集結缺乏**精神**。[106]品牌社群這類聚合，構成一種沒有內在密度的相加形態。消費者自願接受一覽無遺的透視觀察，這些觀察操控且滿足他們的需求。對此，社交媒體與透視機器沒有兩樣。溝通與廣告，自由與控制，合而為一。向消費者揭示生產關係，會誘發雙方的透明性，最後證明是**社**

104 邊沁，《環形監獄》，前言。
105 同上。
106 參閱黑格爾的《精神現象學》，一四〇頁：「對此，我們之前已經有了**精神**的概念。〔……〕：**我**是**我們**，**我們**是**我**。」

交剝削。社交淪為生產過程中的功能要素，受到操作，以優化生產關係。消費者虛假的自由，缺乏任何否定性。他們無法建立外部，以質疑體制的內部。

今日，全球正發展成一座環形監獄，沒有監獄之外的東西，它就是全部，沒有牆壁分隔外部與內部。標榜為自由空間的谷歌與社群網路，逐漸採用一覽無遺的透視形式。如今，監視不再如我們一般認定的，是**對自由的攻擊**。(107) **我們反而自願**委身於一覽無遺的透視目光。我們暴露自己，展示自己，刻意共同建造數位環形監獄。數位環形監獄的囚犯既是施暴者也是受害者。這就是自由的辯證。而自由，證明是一種監控。

107 這也是尤麗·策（Juli Zeh）與伊利亞·托亞諾（Illija Trojanow）合著書籍的名稱：《對自由的攻擊》（Angriff auf die Freiheit: Sicherheitswahn, Überwachungsstaat und der Abbau bürgerlicher Rechte）。

透明社會 / 韓炳哲著 ; 管中琪譯. -- 初版. -- 臺北市 : 大
塊文化, 2019.12
100面 ; 14×20公分. --（walk ; 20）
譯自 : Transparenzgesellschaft
ISBN 978-986-5406-36-3（平裝）

1. 社會控制　2. 社會哲學

541.8　　108018803

LOCUS

LOCUS

LOCUS